100 MINUTOS
para entender
LACAN

2ª edição

Copyright © 2022 Astral Cultural
Todos os direitos reservados à Astral Cultural e protegidos
pela Lei 9.610, de 19.2.1998. É proibida a reprodução total ou parcial sem
a expressa anuência da editora.

Editora Natália Ortega
Produção editorial Esther Ferreira, Jaqueline Lopes, Renan Oliveira, Roberta Lourenço e Tâmizi Ribeiro
Revisão João Rodrigues
Capa Agência MOV

Dados Internacionais de Catalogação na Publicação (CIP)
Angélica Ilacqua CRB-8/7057

C655   Coleção saberes : 100 minutos para entender Jacques
        Lacan. — 2. ed. — Bauru, SP : Astral Cultural, 2022.
        144 p. (Coleção Saberes)

        Bibliografia
        ISBN 978-65-5566-175-0

        1. Lacan, Jacques, 1901-1981 2. Psicanalistas 3.
        Psicanálise

                                           CDD 150.195

Índices para catálogo sistemáticos:
1. Psicanalistas

BAURU
Avenida Duque de Caxias,11-70
8° andar
Vila Altinópolis
CEP 17012-151
Telefone: (14) 3879-3877

SÃO PAULO
Rua Major Quedinho, 111
Cj. 1910, 19° andar
Centro Histórico
CEP 01050-904
Telefone: (11) 3048-2900

E-mail: contato@astralcultural.com.br

SUMÁRIO

Apresentação	7
Biografia	11
Influências e relações	29
Contexto histórico	47
Ideias e conceitos	61
Psicanálise lacaniana	101
Legado e polêmicas	121

APRESENTAÇÃO

Nunca antes se produziu tanta informação como na atualidade. Nossos dados estão armazenados em redes sociais, órgãos governamentais e corporações privadas, e se espalham de forma acelerada. Basta procurar um termo na internet para conhecer detalhes da vida ou do trabalho de um político, filósofo, artista, historiador ou cientista. Essa facilidade vem transformando a assimilação dessas informações em uma prática trivial, já que elas estão apenas a um clique ou uma pesquisa de voz. Mas nem sempre esse conteúdo virtual está alinhado, objetivo ou coerente. E isso confirma que acessar informações é diferente de adquirir conhecimentos. Por isso, a *Coleção Saberes* chega com esse propósito: apresentar ideias e teorias de uma forma organizada, sintetizada e dinâmica.

Neste volume, apresentamos um dos maiores nomes na psicanálise: Jacques Lacan. Polêmico desde a infância, revoltado com a própria família e encarnando a intelectualidade contemporânea da França, onde nasceu, Lacan defendeu que os chamados "pós-freudianos" retornassem às origens da teoria psicanalítica. Foi pioneiro na área ao associar a vertente psicológica com o estudo da linguística e considerar elementos culturais e sociais na prática que, antes, buscava predominantemente o caráter científico da neurologia.

O legado do psicanalista não é tão simples de compreender e, em vida, ele não poupou esforço em se complicar ainda mais. Afirmou, por exemplo, que "a mulher não existe" e que "não há relação sexual". De qualquer modo, aprofundou-se na teoria freudiana e deixou um legado que até hoje se faz presente em algumas vertentes da psicanálise. Nas páginas a seguir, conheça a vida, influências, ideias e polêmicas de Lacan.

1

BIOGRAFIA

O francês Jacques Lacan é considerado o psicanalista de maior destaque da área, ficando atrás apenas do criador da psicanálise, o austríaco Sigmund Freud.

Nascido em 13 de abril de 1901, apenas um ano depois da publicação da obra freudiana *A interpretação dos sonhos*, que inaugurou esse método de investigação da psique, veio de uma família burguesa que trabalhava produzindo vinagre em Paris. Alfred e Émilie, seus pais, eram católicos e homenagearam Maria, mãe de Jesus Cristo, no nome do filho: Jacques-Marie Émile Lacan. Apesar da família tradicional no sólido conservadorismo, o jovem francês foi, aos poucos, se afastando da religião e deixando de usar o segundo nome. Sempre estudioso, na adolescência rompeu definitivamente com a crença religiosa dos pais e passou a se dedicar à literatura, principalmente às obras dos vanguardistas Baruch Spinoza, Friedrich Nietzsche, Charles Maurras e James Joyce.

No período escolar, Jacques era tido como dispersivo, vaidoso e arrogante, desejando sempre ser o primeiro em tudo – o que conseguia nas disciplinas de estudos religiosos e latim, mas se mantendo dentro da média dos colegas nas outras.

Aos quinze anos de idade, conheceu a obra do filósofo racionalista Spinoza (saiba mais sobre o autor no capítulo seguinte), a qual marcou o primeiro ato de desprendimento da doutrina tradicionalista em que estava inserido em casa e na escola. Pregou páginas sobre os estudos de ética de Baruch nas paredes do quarto e, assim, reafirmava o próprio desejo para seguir a vida intelectual em detrimento do destino como sucessor do pai nos negócios da família.

O jovem Jacques Lacan já demonstrava rebeldia com o tradicionalismo da família em que nasceu.

Perto dos vinte anos de idade, Lacan passou a frequentar livrarias onde escritores famosos da época faziam leituras públicas e apresentações. Foi assim que conheceu outra influência em sua carreira: o poeta James Joyce. Já de Sigmund Freud, ouviu falar, pela primeira vez, por volta dos 23 anos, apesar de inicialmente não ter dado muita atenção à obra do austríaco. Quanto mais avançava os estudos, mais desprezava a realidade familiar da qual viera e se afastava dos pais, assim como fizeram seus dois irmãos, ainda que por caminhos diferentes.

Madeleine Marie Emmanuelle, a filha do meio da família Lacan, se casou em 1925 e foi morar na Indochina com o marido, onde permaneceu durante anos. Marc-Marie, o caçula, demonstrava interesse pela vida sacerdotal desde a infância e, após uma revelação durante a leitura da Regra de São Bento (obra do santo que aborda as normas para a vida em uma comunidade monástica cristã), partiu para a abadia dos beneditinos, mudou o segundo nome para François – em homenagem a São Francisco de Assis – e foi ordenado.

O processo de rompimento de Jacques, apesar de ter começado bem mais cedo do que o dos irmãos, só atingiu o ápice quando o jovem passou a se aprofundar nos escritos de Sigmund Freud, já quando cursava medicina. Entre política e estudos biológicos (as duas áreas que atraíam Lacan), a escolha profissional que tomou talvez se deva ao contato que teve com soldados feridos durante a Primeira Guerra Mundial, na época em que sua escola foi usada como centro médico. Começou os estudos em 1919, mas, ainda incerto, interrompeu-os em 1924 para se encontrar com Charles Maurras, interessado em se associar ao jornalista político.

Carreira profissional

Foi em 1926 que Jacques, enquanto membro da Sociedade Neurológica de Paris e sob a supervisão do neurologista Théóphile Alajouanine, apresentou seu primeiro caso de tratamento médico: o de um senhor de 65 anos que apresentava sintomas incomuns, como olhar fixo, tiques respiratórios e movimentos involuntários. A apresentação, que aconteceu especificamente no dia 4 de novembro, coincidiu com a inauguração da Sociedade Psicanalítica de Paris (SPP), na qual Lacan veio a ingressar oito anos depois. O percurso do francês durante esse período foi necessário para a transição da área neurológica para a psiquiátrica, em que Jacques se estabeleceu como profissional até o final de sua vida.

Fixou-se por quatro anos estudando a clínica de doenças mentais e o encéfalo no hospital manicomial Sainte-Anne, no período de 1927 a 1931; depois, obteve o diploma de médico-legista ao passar dois anos no centro psiquiátrico Henri-Rousselle. Chegou a estagiar na clínica de Burghözli, ligada à Universidade de Zurique, na Suíça, onde grandes nomes da psicologia começaram seus trabalhos (Carl Jung e Eugen Bleuler, por exemplo). De volta ao país natal, Jacques retornou ao Sainte-Anne, onde, segundo relatos do colega de trabalho Henri Frederic Ellenberger, se portava com ar aristocrático, caçoando dos outros e tecendo comentários maldosos – apesar de ser, segundo Ellenberger, um sujeito encantador na intimidade.

Colegas de trabalho descreveram Lacan como maldoso nos comentários, porém um ótimo profissional e encantador na intimidade.

Adesão à psicanálise

Na trajetória de Lacan, a transição de uma clínica organicista, aplicada na neurociência, para a prática da psiquiatria foi marcada pelo estudo, em 1928, do caso de uma paciente bretã que havia sofrido traumas emocionais durante a Grande Guerra.

A mulher teve a casa destruída por uma espécie de canhão de guerra que atingiu diretamente a moradia vizinha. Ficou com uma das pernas presas no assoalho e com ferimentos superficiais no couro cabeludo, nariz e lado direito das costas. Desde o primeiro exame médico, que nada diagnosticou, foram relatados alguns distúrbios motores peculiares, além de reclamações dramáticas e exageros patogênicos.

Os distúrbios motores ocorriam principalmente quando a paciente se locomovia. Andava na ponta dos pés, recuando e avançando, em velocidades inconstantes e, às vezes, realizando giros parciais ou completos ao redor do próprio corpo. Com isso, Lacan analisou o primeiro e único caso de paciente histérico em sua formação psiquiátrica, ainda que não relacionasse o que chamava de "pitiatismo" (psicopatologia que poderia ser curada por meio de persuasão) à histeria documentada pela psicanálise. O diagnóstico final do caso foi apresentado como "sinistrose": neurose ocorrida devido a acidente. Porém, todo o processo foi revisitado cinco anos depois, porque, em 1932, Jacques finalmente estudou e compreendeu a obra de Sigmund Freud.

Naquele mesmo ano, Lacan começou a frequentar o divã de Rudolph Loeweinstein – um dos dez membros fundadores da Sociedade Psicanalítica de Paris (SSP). Soberbo e com pouco respeito por seus contemporâneos da psicanálise, Jacques causou inquietação no veterano desde a primeira consulta.

Depois de seis anos conturbados sob a supervisão de Loeweinstein, o francês pôde seguir a carreira de psicanalista, embora fosse considerado marginal nos estudos e encontros por sua própria maneira de enxergar as teorias e fontes de leitura.

Começou, então, seu trabalho de "retorno a Freud", em que revisitava os termos e conceitos originais do austríaco. Atraiu inúmeros alunos e passou a participar da Sociedade Francesa de Psicanálise.

Casou-se em 1934 com Marie-Louise Blondin, que beirava os 28 anos de idade e era irmã de seu antigo colega de escola, Sylvain Blondin. A jovem, que esperava um amor fiel e unicamente seu, não contava com a natureza polígama e desprendida de Lacan. Juntos, tiveram três filhos: Caroline, Thibaut e Sibylle.

Em novembro de 1938, começou um caso extraconjugal com Sylvia Maklès Bataille, esposa de um dos intelectuais que influenciaram a obra lacaniana. Sylvia engravidou de Jacques dois anos depois, durante a Segunda Guerra Mundial, trazendo um fim ao casamento de Lacan com

Marie-Louise que nunca foi anunciado por ele. Judith Sophie foi o nome dado à nova bebê.

A partir de 1953, Jacques começou a série de seminários pelos quais se tornou famoso e que perduraram durante dez anos. Desde então, debates acalorados surgiram entre as autoridades psicanalistas sobre a validade do ensino lacaniano na área. O "psicanalista rebelde" não cumpria suas palavras quando era exigido que se adequasse às normas da Associação Internacional de Psicanálise (IPA – *International Psychoanalytical Association*) e não havia concluído os retornos à clínica de seu orientador no início da carreira. Além de descumprir os combinados entre seus superiores, Jacques não seguia procedimentos básicos definidos pela instituição para o atendimento psicanalítico (o capítulo cinco deste livro aborda a prática clínica de Lacan). Esses foram alguns dos motivos pelos quais a IPA anunciou, em 1953, que a SPP não fazia mais parte da associação e continuaria assim até que todos os seus docentes agissem de acordo com as normas. Assim, em 1963, a Associação Internacional de Psicanálise recusou a Lacan o direito de formar outros psicanalistas.

Morte

Conforme foi envelhecendo, Lacan ficou quase paranoico com a própria imagem e com as de suas teorias. Expressava mais claramente a característica que sempre foi parte da sua personalidade: a excessiva preocupação com o que pensariam dele. Desprezava a vontade de algumas pessoas de que os conteúdos de seus seminários fossem escritos e publicados em livros, com medo de que o sentido do que ele dizia fosse mal interpretado pelos leitores ou mal expressado pelos escritores; ao mesmo tempo que desejava ser reconhecido por todos pela dita genialidade lacaniana. No fim, acabou encontrando um editor que acreditava ser digno de propagar suas teorias em escrito.

Em 1978, aos 77 anos de idade, o psicanalista já demonstrava sinais de velhice: falava pouco e, para grande choque da plateia presente, perdeu a fala em um seminário, se confundindo com o que desenhava na lousa e saindo da sala sem dizer mais nada. Assim permaneceu até 1981, quando, devido a um câncer no cólon – e também à recusa prévia em passar por cirurgias –, Lacan foi obrigado a passar por uma intervenção médica. Uma oclusão mecânica implantada no intestino se rompeu, e Jacques recebeu do médico a dose de morfina necessária para que morresse sem mais sofrimento.

PARA FIXAR NA MEMÓRIA

▶ Jacques Lacan nasceu em Paris, na França, em 13 de abril de 1901;

▶ Oriundo de uma família tradicional, lutou durante boa parte da vida para se desvincular das raízes, assim como seus irmãos;

▶ Desde a infância, Jacques era considerado vaidoso, arrogante e desejava ser o primeiro em tudo;

▶ Trabalhou como neurologista durante anos, aprofundando-se na obra freudiana apenas no fim dos anos 1920;

▶ Entre 1953 e 1963, começou a série de seminários pelos quais ficou mais famoso, desenvolvendo a própria teoria com bases psicanalíticas e em autores como Sartre, Spinoza e Nietzsche;
▶ Morreu em 1981, em decorrência de uma complicação cirúrgica emergencial para lidar com um câncer de cólon.

"

2

INFLUÊNCIAS E RELAÇÕES

Antes de ingressar na psicanálise, Jacques Lacan se dedicou por muitos anos ao estudo na neurologia, do estruturalismo e teorias de pensadores que se debruçaram sobre relações e conflitos sociais.

Conhecido principalmente por ter se utilizado da linguística para aprofundar a teoria psicanalítica, é evidente que a influência básica na teoria lacaniana foi o próprio pai da psicanálise, o austríaco Sigmund Freud.

Retorno a Freud

Quando Lacan ingressou na psicanálise, estudos já se encaminhavam para vertentes que se diferenciavam em diversos aspectos da teoria freudiana. A própria filha de Sigmund, Anna Freud, que foi responsável por continuar e aprofundar as metodologias e estudos do pai, divergia e contestava várias das postulações iniciais. O principal ponto de conflito era o papel da instância psíquica Ego (o "eu") na psique, ao qual Anna atribuiu certa independência em relação ao Id (de onde vêm os instintos). Foi ela, inclusive, que criou os conceitos famosos dos mecanismos de defesa do Ego, que incluem negação, projeção, recalque, entre outros. Juntamente de outros psicanalistas da época, concebeu a vertente dos "neofreudianos", que visavam introduzir a psicanálise em um contexto mais científico.

Como Lacan só começou a participar da Sociedade Psicanalítica de Paris (SPP) em 1934, apenas cinco anos antes de Freud morrer, as concepções originais do austríaco já estavam em menor vigor e diminuíram ainda mais até que Jacques tivesse terminado o período de aprendizado com outros psicanalistas. Foi nesse contexto que, a partir de 1940, Lacan passou a defender vigorosamente um retorno a Freud.

Além de criticar os estudiosos do psicanalista, o francês fez uma releitura de sua obra, incluindo aspectos de seu tempo não utilizados na teoria freudiana, como a linguística, o estruturalismo e a topologia.

Teoria freudiana

Baseando-se principalmente no estudo do inconsciente e seus efeitos nos comportamentos disfuncionais humanos, Freud dividiu o território da psique em três campos: Id, Ego e Superego. Esses são os pilares fundadores da teoria psicanalítica. Entenda:

• **Id:** é como um reservatório de energia humana, responsável por instintos e pulsões. Opera apenas no inconsciente, por processos cognitivos primários (crença de onipotência, onipresença e onisciência) e seria a fonte dos desejos por prazer.

- **Superego:** presente tanto na consciência quanto na inconsciência, é o julgador que reprime os instintos do Id, baseando-se em normas pessoais, condutas morais adquiridas da sociedade e cultura, entre outras forças externas de repressão.

- **Ego:** também chamado simplesmente de "eu", é o que simboliza a unidade — ou tentativa de unidade — dos aspectos interiores da pessoa; ou seja, algo como sua personalidade. Apresenta-se tanto consciente quanto inconscientemente e atua como mediador: visa atender os desejos do Id, mas sofre com os julgamentos do Superego.

Freud também foi, assim como Lacan, um grande polêmico. Ao afirmar que o funcionamento da psique se dá pelas pulsões libidinais, colocava a busca por prazer e satisfação como centro motivacional do ser humano. Libido, para Freud, significa desejo, inclinação, vontade, ânsia, apetite ou paixão. E o austríaco foi além: a própria construção da mentalidade ocorrida durante a infância, segundo ele, parte de uma atração do filho pela mãe, desejando eliminar o pai da relação. É o chamado Complexo de Édipo.

De acordo com a teoria freudiana, o filho vê a mãe como sua propriedade e, quando percebe que ela tem que ser dividida com o pai, nutre os primeiros sentimentos de raiva. A filha, por sua vez, idealiza ser tudo aquilo que o pai mais ama, passando a concorrer com a mãe pela atenção paterna. Nesse processo, seria desenvolvido o Superego, instância psíquica que barra a realização do desejo — ou seja, a mãe no caso de um menino e o pai no caso de uma menina. Lacan se aprofunda nesse complexo, criando sua teoria do estádio do espelho. Sentindo pelo pai uma mistura de ódio e admiração, a culpa posterior por essa situação determinará, segundo Freud, toda a relação do indivíduo com as pessoas mais tarde no mundo real.

O pai da psicanálise também afirma que, ainda na infância, as manifestações sexuais ocorrem, desde cedo, dentro de uma ordem que se constitui em cinco estágios. Essa mudança é definida como manifestação de desenvolvimento psicossexual e é composta das fases oral (na qual o bebê leva tudo à boca), anal (na qual o bebê sente prazer ao defecar), fálica (quando é despertada a curiosidade pelas genitálias feminina e masculina), latência (desenvolvimento intelectual e social) e genital (quando os impulsos sexuais não são mais reprimidos).

Ferninand de Saussure

No século XX, a corrente surrealista (movimento literário cultural que tinha como base a exploração do pensamento espontâneo) influenciou grandes estudiosos. Lacan bebeu dessa fonte e foi influenciado por ela até os últimos momentos de sua carreira, sempre valorizando as expressões incoerentes e automáticas como forma de conhecer o inconsciente. Além desse movimento, o estruturalismo foi de grande importância na jornada lacaniana.

O estudo da linguagem, que se tornou uma área de estudo fechada com o estruturalismo do antropólogo Claude Lévi-Strauss, inspirado nos estudos de Ferdinand de Saussure, define quase exatamente a base na qual Jacques Lacan interpretou e aplicou toda a teoria freudiana: a ideia de que as relações sociais tendem a ser definidas pela linguagem.

Saussure foi um linguista e filósofo suíço que, entre 1907 e 1910, ministrou aulas de linguística na Universidade de Genebra, na Suíça.

Baseando-se nessas aulas, dois de seus discípulos publicaram o livro em que aparece pela primeira vez a palavra "estruturalismo". A obra foi escrita em 1916, três anos após a morte de Saussure.

Entre as principais contribuições do linguista ao estudo da área, os termos "signo", "significante" e "significado" são usados até hoje no sentido que Saussure os cunhou, e Lacan se utilizou vastamente deles para explicar o funcionamento da psique (entenda melhor no capítulo 4).

O suíço também avançou o estudo dos fonemas ao estudar como os sons se relacionam na língua, criando, assim, o estudo da fonética como a conhecemos hoje.

Outros pensadores

Lacan tinha sede pela fama elegante que associava à intelectualidade e à excentricidade — que, no caso do francês, era meticulosamente planejada e rebelde. Essa combinação foi um fator decisivo para a atração do francês pelas personalidades que despontavam à época, muitas delas polêmicas.

Jacques se tornou amigo de figuras notórias como Pablo Picasso, Claude Lévi-Strauss, Jean-Paul Sartre e Charles Maurras, mantendo um campo de interesse paralelo à psicanálise que preocupava seus colegas de trabalho. Admirado por Maurras, que era poeta e jornalista, quase optou pela carreira política em vez de entrar para a medicina.

Ainda assim, muitas outras influências do pensamento lacaniano são obras de séculos anteriores ao nascimento do francês. O holandês Baruch Spinoza, por exemplo, marcou decisivamente a concepção de mente e corpo na teoria de Lacan. Para Lacan, a teoria de Spinoza era a única capaz de justificar uma ciência da personalidade. Para o holandês, existe um paralelismo entre a realidade do corpo e do pensamento, no qual os processos em que as coisas acontecem é o mesmo. Ou seja, a ordem e o encadeamento que se dão na realidade visível do corpo, objetos e natureza são os mesmos que ocorrem na realidade interior de cada indivíduo.

As bases do pensamento de Spinoza vêm da concepção de que Deus é a mesma coisa que a natureza, só que dito de outro modo. Para ele, Deus-natureza é a substância na qual todo o universo existe, por isso se manifesta em todas as coisas. Assim, tudo o que existe difere apenas em modalidades e categorias, porém permanecem essencialmente as mesmas.

Hegel

O filósofo alemão Georg Wilhelm Friedrich Hegel foi outra influência do passado na obra lacaniana. Jacques, a partir de 1933, frequentou assiduamente o curso sobre a filosofia hegeliana dado por Alexandre Kojève, filósofo francês de origem russa.

O psicanalista se inspirou nos conceitos de "não-eu", que é a maneira segundo a qual Hegel entende a consciência de cada indivíduo. Para o alemão, o ser humano é irredutivelmente social e entende as relações com o mundo de acordo com o que não é ele mesmo.

Hegel, assim como Lacan, valorizava a escrita difícil de compreender – diz-se que, quando saiu a primeira tradução em francês da obra

Fenomenologia do Espírito, os alemães foram ler o livro traduzido. Isso porque, segundo o filósofo, uma linguagem clara e objetiva não faria jus ao estudo de objetos, pois não é capaz de abarcar a totalidade da descrição. A citação é parecida com o que Jacques afirmava sobre a comunicação verbal.

O filósofo também é precursor dos conceitos de tese, antítese e síntese, que se aplicam na dialética. Essa ideia consiste no processo de debate em que uma afirmação (tese) é rebatida pela negação a ela mesma (antítese) e das quais resulta uma conciliação (síntese).

Influências marxistas

Outra grande influência no pensamento lacaniano, ainda que muitas vezes indireta ou menos proclamada, foi Karl Marx. Logo no começo das aulas em seminários, Lacan se utilizou dos conceitos marxistas para explicar as relações entre sujeito e desejo, assim como para a formulação do que Jacques chamou de o grande Outro. Uma das formulações teóricas mais conhecidas de Marx, o conceito da mais-valia, foi importante no desenvolvimento teórico do francês.

Desde que começou a sua jornada na psicanálise, Lacan se interessou também por estudar mais profundamente (já havia lido Nietzsche e outros autores na infância) as correntes filosóficas mais discutidas no meio intelectual, no qual se inseriu à época. Assim, contratou um estudante autointitulado comunista, chamado Pierre Verret, para lhe dar aulas particulares durante cerca de quatro meses. Segundo os relatos de Verret, Jacques o inundava de perguntas e conduzia a aula para a direção que desejava.

PARA FIXAR NA MEMÓRIA

▶ Diversos pensadores, filósofos e movimentos doutrinários influenciaram a jornada e as ideias de Jacques Lacan;

▶ A principal influência em suas formulações é o próprio Sigmund Freud, que fundou a vertente de estudos na qual se baseou toda a teoria lacaniana;

▶ Uma das características mais peculiares de Lacan foi fundir a psicanálise freudiana com o estruturalismo linguístico de Claude Lévi-Strauss;

▶ Este, por sua vez, se baseou nos conceitos de Ferdinand de Saussure, linguista que fundou o que hoje estudamos como fonética;

▶ Vêm de Saussure os conceitos, amplamente utilizados por Lacan, de "signo", "significante" e "significado";

▶ Outras influências do psicanalista francês foram os movimentos do estrututalismo e surrealismo, além de figuras como Pablo Picasso, Charles Maurras, Jean-Paul Sartre, Baruch Spinoza e Friedrich Hegel;

▶ Jacques compartilhava da visão de Spinoza sobre a simultaneidade da realidade corporal e espiritual (ou mental, para Lacan);

▶ Direta e indiretamente, sua linha de pensamento também foi fortemente influenciada por Karl Marx.

"

3

CONTEXTO HISTÓRICO

Como vimos, Lacan nasceu na virada do século XIX para o XX, em Paris, capital da França. No ano de seu nascimento (1901), a obra fundamental da psicanálise (*A Interpretação dos Sonhos*, de Sigmund Freud) tinha apenas um ano de publicação. Embora o francês tenha ouvido falar sobre o pai da psicanálise somente aos 23 anos de idade, àquela altura a obra do austríaco já ganhava reconhecimento nos campos da medicina e das ciências humanas em geral – isso sem mencionar interações com as artes.

O desenvolvimento de conhecimentos neurofisiológicos, sociológicos e antropológicos das décadas anteriores foi fundamental nas observações e nos estudos de Freud. Contudo, quando passou a apresentar suas idealizações, era de se esperar que a aceitação não fosse imediata. Por ser revolucionária e quebrar tabus, a psicanálise bateu de frente com uma sociedade burguesa, capitalista e patriarcal. Foi preciso uma tragédia do tamanho da Primeira Guerra Mundial (1914-1918) para que suas ideias alcançassem prestígio – e as experiências de Lacan com os soldados feridos também foram decisivas para que ele definisse os rumos de sua vida.

Tensões acumuladas

A compreensão das hostilidades deflagradas a partir de 1914, assim como suas consequências, é essencial não só para entender como foi possível a ascensão do nazismo de Adolf Hitler, como também para compreender a geopolítica do mundo contemporâneo. Para isso, precisamos voltar ao século XVIII. Apesar de ter sido um período de prosperidade econômica no Velho Continente, os conflitos criados nessa época geraram feridas difíceis de serem cicatrizadas. Desde então, os recursos das economias das grandes potências passaram a ser, em boa parte, originados de uma política imperialista.

O sucesso da industrialização dependia tanto de uma expansão permanente dos mercados para o despejo da produção em larga escala quanto de fontes de matéria-prima para alimentar as fábricas. A solução para ambas as condições estava na colonização, que ainda proporcionava vantagens extras, como o uso de mão-de-obra barata na extração dos insumos e a repatriação quase total dos lucros gerados nas colônias.

A ascensão alemã assustava a Inglaterra, que via sua liderança ameaçada e, ao mesmo tempo, alimentava ressentimentos na vizinha França. Ou seja, o relativo equilíbrio da região após as Guerras Napoleônicas (1803-1815) estava em jogo.

Quando a Primeira Guerra estourou em 1914, a maioria dos envolvidos esperava que tudo se resolvesse rapidamente. Com exceção da Alemanha, que se empenhara em modernizar suas forças armadas, e da Inglaterra, com sua poderosa Marinha Real, os demais envolvidos não estavam realmente preparados para um embate tão longo.

A corrida armamentista elevara o poder de fogo de muitos países, mas não o suficiente para suportar um período tão grande de combates como o que se seguiu. Seriam necessários mais de quatro anos de muita selvageria e milhões de mortos para que a "paz" fosse restabelecida.

A morte à espreita

Apesar de terem sobrevivido aos conflitos, o ingresso de três filhos de Freud no Exército fez com que o temor pela morte invadisse sua casa. O período serviu para valiosas produções teóricas, como *Reflexões para os tempos de guerra e morte* (1915), Introdução à psicanálise e as neuroses de guerra (1919), *Por que a Guerra?* (1932) e outras diversas correspondências que trocou com intelectuais da época, sempre com o intuito compreender o fenômeno bélico no qual estavam inseridos.

Já em relação à vida monótona da família Lacan, a guerra havia irrompido a partir de 1915. Mobilizado com o grau de sargento de cavalaria, o pai de Jacques, Alfred, foi incumbido do serviço de provisões alimentares do Exército. Enquanto isso, no pátio do colégio Stanislas, um verdadeiro hospital fora montado para abrigar os soldados que voltavam feridos do front. Em meio a membros amputados, orelhas decepadas e mortes traumáticas, o jovem Lacan viu despertar em si o desejo de uma carreira médica. Anos depois, concretizou o sonho ao ingressar na Faculdade de Medicina de Paris e se especializar em psiquiatria.

Reminiscências da guerra anterior

Muitos historiadores consideram a Segunda Guerra uma continuação do primeiro conflito iniciado em 1914. Isso porque, ao final da Primeira Guerra, as cláusulas do Tratado de Versalhes (1919) não foram suficientes para solucionar os impasses.

Com a ascensão e as tragédias promovidas pelo embate entre o Eixo e Aliados, a Segunda Guerra Mundial transformou-se em um marco para o pensamento ocidental. Muitos intelectuais, filósofos e acadêmicos de diversas áreas sofreram com o impacto do combate e se dispersaram pelo mundo – Freud estava incluído nesse movimento.

Apesar de a República ter sido estabelecida na Áustria em 1919, anos depois o país assistiu à ascensão de um regime autoritário, que baniu a existência dos partidos comunista e nazista. No entanto, as ideias antissemitas eram bem disseminadas. Assim, antes da Segunda Guerra Mundial, quando a Alemanha Nazista ocupou territórios, havia admiradores dando boas-vindas a Hitler. Viena se tornou a principal cidade do Terceiro Reich.

Em alguns momentos durante o conflito, Freud solicitou a ajuda de seus amigos requerendo alimentos, papel para escrever e os charutos que faziam parte do seu dia a dia. Ainda em 1938, o psicanalista deixou Viena com destino a Londres, na Inglaterra, após ele e sua filha Anna serem presos e interrogados pela Gestapo, a polícia secreta do governo alemão. Além disso, alguns livros freudianos foram queimados pelos nazistas em praça pública – afinal, ele era judeu. No entanto, o tempo de Sigmund na Inglaterra foi curto, tendo falecido em 23 de setembro de 1939.

Silêncio e revolução

Durante a década de 1940, Lacan não havia publicado nenhum artigo ou reflexão, em um silêncio forçado pela falta de dinheiro e a própria época mortífera da Segunda Guerra Mundial. Mas, lentamente, uma revolução estava por vir.

Ao término da guerra, foi urgente a reconstrução da Europa, sobretudo para cobrir os estragos feitos pelas ações nazistas. Apesar do sucesso dos Aliados, (encabeçados pela Grã-Bretanha, França, Estados Unidos e União Soviética) a nação francesa não viveu uma sensação convicta de vitória devido à destruição que ocorreu no país. Lacan, psicanalista atento, soube compreender a "atmosfera" emocional que pairava em sua terra natal.

A partir da década de 1950, ele empreendeu o que chamou de "reconquista do campo freudiano", com seminários, atividades e projeções de interação da psicanálise com recursos da antropologia estrutural e da linguística. No ano de 1953, uma conferência intitulada Simbólico, Imaginário e Real tornou-se um marco de seus ensinos e dos destinos sociopolíticos de suas teorias – e da psicanálise como um todo.

PARA FIXAR NA MEMÓRIA

▸ Na virada do século XIX para o XX, a psicanálise bateu de frente com uma sociedade burguesa, capitalista e patriarcal;

▸ Diante do imperialismo, a deflagração da Primeira Guerra Mundial (1914-1918) elevou o poder de fogo de muitos países, mas não o suficiente para suportar um período tão grande de combates como o que se seguiu;

▸ Os conflitos da chamada Grande Guerra promoveram reflexões que aprofundaram as teorias de Freud;

▶ O contato de Lacan com os soldados feridos no pátio de seu colégio despertaram no francês o desejo pela carreira médica;

▶ Com a ascensão e as tragédias promovidas pelo embate entre o Eixo e Aliados, a Segunda Guerra Mundial transformou-se em um marco para o pensamento ocidental;

▶ Diante da reconstrução da Europa no pós-Guerra, Lacan tentou compreender a "atmosfera" emocional que pairava sobre o continente com um retorno aos conceitos de Freud.

4

IDEIAS E CONCEITOS

Jacques Lacan não foi simplesmente um discípulo ou só mais um teórico responsável por manter viva a psicanálise de Sigmund Freud. Afinal, seus conceitos são uma extensão da técnica freudiana, principalmente em relação à subjetividade do sujeito analisado na contemporaneidade.

O francês foi responsável por renovar e atualizar a corrente da psicologia mais conhecida à época, não só no aspecto teórico, mas também na maneira de tratar o paciente. Ainda assim, não seria correto considerar que Jacques criou uma nova vertente: suas teorias e métodos, ainda que se afastem consideravelmente, são baseados naqueles formulados por Freud sem discordâncias fundamentais.

Lacan é considerado por muitos especialistas o maior psicanalista depois de Freud. Mas no que os dois se diferem, então? O austríaco tinha um estudo diretamente ligado à biologia, com bases em Charles Darwin, na neurofisiologia (ramo da fisiologia que estuda o sistema nervoso) e no conceito filosófico de representação (como o ser humano representa as coisas em sua mente).

Já o francês seguia por outro caminho, utilizando a linguagem como o seu principal instrumento de trabalho. Portanto, são estudos não biológicos, ligados à lógica e à filosofia estruturalista.

Quanto à base compartilhada na psicanálise, Lacan dizia que a linguística fornecia o material da análise ou o aparelho com que nela se opera. Dessa forma, o inconsciente se expressa por meio da linguagem como uma condição, mas ela não tem a menor influência sobre ele. Ou seja, apesar do grande impacto da antropologia e da linguística na reestruturação proposta por Lacan, a psicanálise tem seus próprios processos e fala por si só.

Signo

Controverso e diverso no seu pensamento, Jacques baseou seus discursos nos estudos linguísticos de Ferdinand de Saussure e na antropologia cultural de Claude Lévi-Strauss, além da psicanálise freudiana. Essa influência do campo da linguística marcou a definição do ponto que geralmente ganha o destaque central nos estudos da mente: o inconsciente.

O termo, popularizado por Freud, representa todo conteúdo da psique não acessível diretamente, ao passo que influencia ativamente a consciência. Lacan afirmava que o inconsciente e seu funcionamento têm uma estrutura que se assemelha às regras linguísticas – especialmente a metonímia, que consiste em utilizar uma palavra fora do contexto semântico para se referir a algo que tenha relação ("eu leio Machado de Assis", por exemplo), e a metáfora, que é a comparação por meio do sentido figurado.

Para entender melhor a relação entre linguagem e inconsciente estabelecida pelo francês, é preciso antes elucidar os conceitos de signo, significado e significante na obra do filósofo e linguista suíço Ferdinand de Saussure.

Basicamente, o signo é um termo linguístico composto da associação do significante (a "imagem acústica" que se forma sobre algo na psique – as palavras em si) e pelo significado (que se refere ao conceito que aquela palavra carrega, ou seja, aquilo que está no plano do conteúdo, a coisa em si). Por exemplo: para designar o nome de um recipiente de líquidos de topo aberto e que, geralmente, é produzido para se adequar ao tamanho da mão humana, utilizamos o signo "copo". Quando alguém lê ou escuta essa palavra, ela é interpretada em seu sentido escrito enquanto significante, e no conceito do que é um copo enquanto significado do signo.

Os três "S"

A principal ideia do psicanalista sobre o inconsciente é o estabelecimento de uma estrutura relacionada à linguagem trabalhando a compreensão de significado e significante para fazer a relação entre um conceito e uma imagem – e não de um objeto e um nome, como ocorre nos estudos dos discursos. Dessa maneira, quando o intuito é acessar o inconsciente, seguindo as leis da linguagem, seria possível analisá-lo em suas mais diversas manifestações, principalmente por meio da fala.

Considerando os conceitos dos três "S" (signo, significado e significante), Lacan postula que a escolha do significante em relação ao significado é arbitrária, e que o significante se sobrepõe ao significado, não existindo uma relação fixa entre os dois. Ou seja, enquanto para Saussure a linguagem é constituída de signos e que existe uma relação direta entre significante e significado, para Lacan a linguagem se baseia nos significantes, que, por sua vez, podem representar significados de acordo com a arbitrariedade de cada sujeito.

Um exemplo dessa relação linguística com o conceito de inconsciente é a angústia de um paciente que, ao consultar um psicanalista, não sabe a origem do sentimento e, por vezes, nem mesmo consegue definir exatamente o que sente. A angústia seria o significante, ao passo que a busca pelo significado ficaria a cargo da identificação do profissional da psicanálise.

Alienação

De acordo com Lacan, essa instância psíquica chamada de inconsciente permanecia em conflito com o indivíduo o tempo todo, mas uma das formas de aturar essa realidade, segundo o francês, seria por meio da alienação possibilitada pelo consciente.

Esse tipo de "mecanismo de defesa", assim como outros – alguns inconscientes, inclusive –, já havia sido apresentado por Freud e aprofundado por alguns de seus sucessores, como Anna Freud e Melanie Klein, e baseia um dos pontos principais do tratamento clínico psicológico: a revelação de conteúdos que foram esquecidos, negados, subestimados ou suprimidos no, ou para o, inconsciente. Dessa forma, o paciente poderia trabalhar diretamente um acontecimento ou sentimento que antes estava fora de seu controle, gerando angústia.

O Sujeito

Pode-se notar a preferência de Lacan em relacionar a psicanálise à linguística por meio dos termos mais usados pelo francês. Uma das frases marcantes de Jacques diz que "o sujeito é o que um significante representa para outro significante".

O que ele quis dizer com isso? Basicamente, o conceito de sujeito é vazio por si mesmo: tanto na linguística quanto filosoficamente, o sujeito consiste em algo ao qual se pode atribuir características. Ou seja, é como um receptáculo que só é concreto quando se atribuem determinados aspectos a ele.

Sendo assim, o sujeito seria definido, para Lacan, como a relação de um significante com outro. O conceito de "outro", então, é determinante para a concepção do inconsciente de Jacques, tanto que o próprio chegou a definir o inconsciente como "o discurso do Outro".

O Outro

Na dinâmica do funcionamento mental dos indivíduos, um aspecto essencial para que haja a interação da qual resulta a observação é a existência do "outro", aquele que não é "eu", mas possibilita a identificação do mesmo.

Em uma visão renovada dos preceitos de Freud, o francês afirma que deve haver uma separação de termos: um que represente a simples reflexão ou projeção do ego pessoal em terceiros, que seria o "outro" minúsculo; e a verdadeira entidade do indivíduo que não é "eu", sem caráter ilusório e assimilação por simples identificação, que seria o "Outro" maiúsculo.

O primeiro se confunde com o "si mesmo", uma vez que é o receptáculo daquilo que o indivíduo, geralmente, não enxerga na própria psique, mas projeta no próximo.

Essa proximidade pode levar a dois caminhos: amor ou rivalidade. Ou seja, quando se reconhece determinada característica pessoal em outro ser, ele pode ser tratado como o intruso que deve ser combatido ou como o ideal que se visa alcançar. Existe, segundo Lacan, desejo mútuo do reconhecimento do ego de ambas as partes.

Um exemplo, na teoria lacaniana, é a realidade da criança quando nasce um irmão. O novo integrante da família vem, na visão do primogênito, para roubar seu lugar no desejo da mãe, que é o grande "Outro", e, assim, desencadeia o que Jacques chama de Complexo de Intrusão.

Assim, o "eu" torna-se indissociável do "outro" e vice-versa. Ou seja, o ego nunca é somente o ego, mas está sempre acompanhado desse "outro", que é seu ideal e nutre a bipolaridade inerente do ser humano: o outro pode ser um objeto de desejo ou alvo de desgosto e fúria.

O "Grande Outro" é a radicalização do conceito, o único extremo oposto ao "eu" e de onde o indivíduo recebe todas as informações sobre si mesmo de maneira invertida — trata-se de um lugar, não uma personificação. Esse "lugar" se move através das relações interpessoais, proporcionando uma interpretação egoica que foge ao alcance do próprio ego, pois vem de fora do sujeito. É o ambiente em que são formados os sonhos e as significações da história do sujeito.

Lacan chega a afirmar que o "Outro" é o próprio inconsciente: fora do alcance da consciência, se comunica com ela e informa o que precisa ser informado – mesmo que a mensagem tenha saído de uma parte da totalidade do indivíduo, este não reconhece seus significados com facilidade.

Além do inconsciente, na teoria lacaniana o "Outro" também se expressa nos sexos. Isso significa que o sujeito em si não tem identidade senão aquela que é imposta pelo outro, que é modificável e não confere nenhum caráter definitivo ao sujeito. Ou seja, o homem pode ser homem em relação à mulher, à criança ou ao animal.

O oposto não pode ser compreendido e reduzido totalmente para se adequar à realidade do indivíduo, então age com a mesma funcionalidade do inconsciente.

Estádio do espelho

Essa fase se trata da experiência pela qual o bebê de seis a dezoito meses passa e que lhe permite se reconhecer no espelho que o outro lhe antecipa (sua mãe, por exemplo).

Nesse estágio da vida, a criança ainda enxerga o próprio corpo como despedaçado e indistinto do corpo de sua mãe. Ou seja, por se encontrar em um estado de incapacidade e falta de coordenação motora, a criança se identifica com a imagem do semelhante. Daí a denominação da teoria, pois a ideia é que a criança passa pela experiência concreta de perceber sua própria imagem em um espelho.

No entanto, este espelho é uma metáfora àquilo que permite à criança se ver e compreender o que é ou não ela. Para Jacques, esse momento é considerado fundamental na formação do indivíduo, pois seria a matriz e o esboço do que construiria o Ego.

Esse processo conduz a criança à sua identidade e a faz se distanciar do que diz respeito à relação parasitária que mantém com a mãe (ou com outras referências que convive). Contudo, deve-se atentar para o fato de que a imagem percebida é invertida e, dessa forma, permanece como um ser imaginário, enquanto que o seu corpo não o é.

Ao mesmo tempo que isso se estabelece, instaura-se uma alienação imaginária, pois a imagem que a criança percebe (ou faz de si) vem de fora, do outro. Essa experiência corresponde ao primeiro estágio do narcisismo na teoria de Freud.

Para Sigmund, quando a criança recebe os primeiros afetos de seus progenitores e das pessoas próximas a ela, cria a concepção de que todos os acontecimentos giram em torno de si e para si. Para que exista um desenvolvimento saudável desse indivíduo, é necessário que essa ilusão seja dissipada conforme seu amadurecimento.

Real, Imaginário e Simbólico

Em 1953, o psicanalista Lacan propôs que a essência do indivíduo é constituída por três setores de referência imagética: o Real, o Imaginário e o Simbólico. Por meio deles, a teoria freudiana poderia ser compreendida.

No Imaginário, Jacques utiliza-se da associação de imagens realizada por seres no reino animal para relacioná-la ao ser humano e sua compreensão de costumes que formam a relação com o outro – ou seja, trata-se de um mecanismo de comparação, sempre presente e extremamente importante na evolução dos animais. No Imaginário, não existe divisão entre objeto e sujeito; o desejo e o "si mesmo" são a mesma coisa.

No aspecto da linguagem, há a alienação e a manifestação das emoções, sendo elas decodificadas pelo próximo. O Simbólico é representado pelo inconsciente, em que nada pode ser expressado diretamente a não ser por símbolos que assumem forma de acordo com associações da experiência real. É um elemento essencial na teoria lacaniana e representa a base do pensamento, por meio da qual este poderá formular e organizar seu mundo psíquico – resumidamente, a linguagem, em Lacan, é o inconsciente.

O Real é uma das formações que garantem a realidade, mas que não se assemelha a ela. O campo sugerido por Jacques não possui sentido e sua representação é impensável.

A manifestação do Real, dentro da realidade, é possibilitada pela frequência em determinados fenômenos que não possuem explicação inicial. Trata-se de um registro psíquico que não é a realidade em si, mas, antes, é algo impossível de ser verdadeiramente simbolizado e permanece impenetrável pelo sujeito.

Os quatro discursos

A partir da articulação de que a linguagem representa a estrutura do inconsciente, além das relações entre o sujeito e o outro, Lacan apresentou uma nova forma de compreender como se dão os laços sociais construídos entre os indivíduos.

Essa suposição, nomeada de teoria dos quatro discursos, foi criada pelo francês a fim de responder a determinadas críticas, as quais afirmavam que a psicanálise não se importava com esses laços e com as organizações desses vínculos. Considerando que a linguagem baseia as relações sociais de todas as pessoas, Jacques definiu quatro formas possíveis de vínculo: por meio do discurso do mestre, universitário, histérico e do psicanalítico. A proposta do francês é que eles são modos de utilizar a linguagem como vínculo social.

Essa nomenclatura seria uma renovação de um conceito de Sigmund Freud, no qual o austríaco afirmava que as fontes de sofrimentos dos homens se expressam através de quatro formas de relacionamento: governar, analisar, educar e fazer desejar.

Para expressar o conceito na linguagem científica buscada por Lacan, o francês propôs uma estruturação semelhante às fórmulas matemáticas, cujas quais nomeou "matemas", que significam "o que se ensina".

Essa linguagem, para Jacques, pode se aplicar tanto às formulações dele mesmo quanto às de Freud, uma vez que essa seria uma "língua da psicanálise". A partir dessas fórmulas, o francês combinou os quatro elementos do laço social aos quatro lugares onde eles se aplicam. Entenda as definições dos tipos de discurso, segundo a teoria lacaniana:

• **Discurso do mestre:** de acordo com Lacan, esse tipo de comunicação já havia sido formulado na teoria do filósofo germânico Georg Wilhelm Friedrich Hegel, na denominação de "dialética do senhor e do escravo". Seria, simbolicamente, o discurso das instituições vigentes, das universidades e seus saberes – uma visão que considera, assim como muitos dos conceitos de Jacques, a base da mais-valia marxista e de outros pressupostos hegelianos.

Segundo Lacan, as postulações de Sigmund Freud se apresentavam, diversas vezes, como o discurso do mestre.

- **Discurso universitário:** indica aquele que tem conhecimento de que é depositário de um saber, a fim de transmitir cultura à população. É o discurso que se move pela intervenção do Outro e pelo saber; visa ao objeto como causa e é esclarecido pelo progresso.
- **Discurso histérico:** também conhecido como discurso da histérica, opõe-se radicalmente ao discurso do mestre. Pela divisão do sujeito que ele implica, obriga o mestre a produzir um saber e resulta em um questionamento radical do saber e do poder, dos costumes e hábitos de pensamento. Ou seja, contesta o discurso do mestre e, ao mesmo tempo, o estimula a produzir e se aperfeiçoar.

Trata-se também de uma impotência discursiva na qual o sujeito é incapaz de produzir saberes e de se perceber como objeto de satisfação.

• **Discurso do analista:** também chamado de psicanalítico, é o discurso de alguém que tem apenas um não saber, que transmite nada.

Esse discurso é o da verdade, que fala pelo inconsciente e que faz da psicanálise uma ciência ao avesso, cujos princípios estão sendo fundados a cada vez.

Falta, desejo e falo

Esses três termos têm papel fundamental na teoria lacaniana, pois determinam forças que impulsionam as relações e como elas funcionam — campo parecido com a libido freudiana.

Jacques nomeou a busca incessante por preencher uma espécie de vazio interior, característica bem conhecida nos seres humanos por "falta". Todos buscam algo que preencha alguma ausência fundamental que compõe a psique, segundo o psicanalista francês, e esse seria um dos "motores" principais nas relações interpessoais.

Na teoria lacaniana, tudo aquilo que preenche esse espaço, o que nunca acontece definitivamente, é chamado de "falo"; enquanto o objeto que, por si mesmo, satisfaria esse desejo é chamado "objeto a", impossível de ser alcançado.

Para Lacan, esse é o resultado necessário que sucede o estádio do espelho, sendo que a primeira e eterna falta que aparece na psique é decorrente da quebra do espelho, quando a criança percebe que não pode, por si mesma, significar tudo aquilo que os pais desejam.

Todo esse processo tem início no indivíduo antes mesmo do seu nascimento, quando os pais e outros familiares começam a se preparar para a chegada da criança (ou até mesmo quando, na juventude, os pais imaginavam qual seria o nome do filho ou como seria seu temperamento).

Ou seja, quando o sujeito nasce, já é inserido em um universo preconcebido, composto de inúmeros significantes que buscam definir o bebê, mesmo sem conhecê-lo.

Já na perspectiva da mãe, o bebê representa aquele que provavelmente será seu maior falo. É um ser vivo que, literalmente, preencheu seu vazio e pode ser alvo majoritário do desejo materno sem culpa, já que é o esperado de ambos os pais.

O recém-nascido, então, começa a ser carregado pela energia libidinal investida, principalmente, pela mãe, e daí vem a sensação de onipotência do pequeno: por enquanto, ele é pleno em si mesmo, pois é tudo que o outro deseja e tem suas necessidades supridas sem demora – considerando que os pais sejam suficientemente bons.

Depois desse período, que leva alguns meses, o ideal é que a mãe deixe de considerar o filho seu falo principal e volte a se interessar por outras coisas, passando também a se preocupar com o bem-estar da criança a longo prazo, ao invés de imediato. Assim acontece a quebra do espelho no bebê.

No entanto, Lacan notou que, quando a mãe não passa por essa mudança de alvo libidinal, a criança se torna propensa a desenvolver transtorno de ansiedade.

Jacques chamou esse fenômeno de "falta da falta", que significa a ausência do momento em que o pequeno sujeito percebe que o outro já não se interessa somente por ele, passando buscar ser o que o outro procura.

É o caso comum das mães ou pais superprotetores, que não deixam que o filho passe pelas experiências necessariamente dolorosas da vida. Acontece que, querendo ou não, a criança tem que enfrentar isso.

Surge no pequeno a vontade crescente de se ver livre da energia libidinal dos pais e poder sentir os perigos do Real, ao mesmo tempo que, pela falta de experiência, a exposição ao perigo cria a ânsia de voltar à proteção.

Esse ciclo, segundo Lacan, é o principal causador de transtornos de ansiedade infantil.

Amor ou gozo?

Em outra diferenciação, que assinala tipos de personalidade na teoria lacaniana, é caracterizada a direção da energia libidinal entre o sujeito e o objeto "a".

Na relação de amor, que seria típica à personalidade neurótica, segundo Lacan, existe a idealização da pessoa que é alvo do desejo, visto como aquele que irá preencher de uma vez por todas a falta do sujeito, o que é impossível.

Essa idealização causa uma grande angústia quando o indivíduo percebe que continua sentindo atração por outros, assim como a contínua presença da falta. Sendo assim, trata-se de um movimento de energia que parte do sujeito para o objeto.

Já o gozo seria algo típico dos relacionamentos de pessoas perversas, nos quais acontece a "coisificação" do indivíduo desejado.

Em vez da idealização pelo todo que preenche a falta, o sujeito busca somente o "gozo", ou o prazer, de ter e satisfazer momentaneamente suas vontades. Ou seja, é como se a busca pelo outro fosse a mesma coisa que comprar um novo celular ou começar a assistir a uma série de televisão.

Nesse esquema de energia, o movimento parte do "objeto" para o indivíduo atuante. Freud designava que a perversão é o que causa os fetichismos, resultantes de quando o sujeito não consegue a pessoa de desejo inteira, então internaliza uma determinada parte ou ação que pode conseguir sem, necessariamente, obter o todo.

> "Pode-se amar alguém
> não só por aquilo
> que tem, senão,
> literalmente, por aquilo
> que carece".
> **Lacan**

Neurose, psicose e perversão

Na teoria lacaniana, esses três conceitos – que são estruturas da personalidade dos indivíduos – não diferem muito.

Lacan, entretanto, se aprofunda nos processos de busca pelo gozo e pela utilização das linguagens individuais para explicar como ocorrem e funcionam esses fenômenos, que têm suas origens na castração que acontece durante a fase do espelho.

Ao interagir com o mundo ao redor e as pessoas presentes nele, o ser humano percebe que nem tudo é ele, e que muitas coisas estão completamente fora de seu controle.

Os desejos, que na primeira infância se apresentam como realidades alcançáveis, se distanciam e são interditados pelo "grande Outro"; ou seja, o indivíduo percebe que seus desejos são barrados por diversos elementos, permanecendo fora do seu alcance pleno.

Ao ser alcançado por essa força de impedimento que é o "Outro", a pessoa pode, segundo a psicanálise, reagir de três maneiras diferentes:

• **Neurose:** basicamente, o neurótico seria o resultado mais natural do processo de castração. Buscando alcançar aquela completude inicial da vida, está sempre em busca de objetos ou pessoas que preencham o buraco deixado pelo "Outro", ao passo que recalcam (ou seja, afastam da consciência) a castração.

O movimento psíquico no qual o indivíduo lida com as barragens é voltado para dentro de si mesmo, internalizando aspectos que vêm de fora. Dessa maneira, está mais preparado para aceitar os impedimentos e, ainda assim, continuar a busca interminável por aquilo que o deixará completo.

• **Psicose:** por sua vez, o psicótico não aprendeu e, por consequência, não desenvolveu os meios para lidar com a frustração de ter o gozo barrado. A ruptura que geraria a consciência de separação entre o mundo interior e a realidade ocorreu de maneira incompleta e é evitada.

Assim, o indivíduo, sem meios linguísticos para entender e delimitar as próprias frustrações, as projeta no mundo exterior e nas pessoas ao seu redor.

Como a intervenção do Outro é o que primeiro origina o entendimento da diferença entre este e o pequeno outro, na mente psicótica, os dois têm relação simétrica e direta. Ou seja, o grande e ameaçador desconhecido, que limita todas as ações, é visto no outro imediato, que na realidade nada mais é do que outro ser delimitado, também, pelo "Outro".

Assim, os conflitos e as frustrações internas são projetadas em pessoas e eventos do exterior.

• **Perversão:** existem discordâncias quanto à natureza da perversão, já que alguns especialistas afirmam ser uma construção da psique que protege contra a psicose, e não uma estrutura de personalidade em si mesma. De qualquer modo, a característica mais essencial do perverso, segundo Lacan, é acreditar ser capaz de alcançar o gozo primordial que preenche seu vazio, desde que cumpridas diversas exigências pessoais para se ter aquilo. Objetificando pessoas ou sensações (como nos fetiches), o indivíduo cria rituais de gozo que podem se transformar em masoquismo e sadismo.

O perverso entende a atuação do "Outro" e a barragem dos desejos, sendo capaz de, superficialmente, respeitá-las; mas na realidade não as aplica a si mesmo. A quebra de algum procedimento para a obtenção do objeto de desejo pode servir de gatilho para ataques psicóticos ou depressivos.

Religião

Não é de espantar que as opiniões de Lacan fossem parecidas com as de Freud quanto à religiosidade. Sigmund se dedicou à publicação de obras que abordassem o fenômeno religioso, tentando explicá-lo à perspectiva da psicanálise.

Para Freud, existem duas características principais na religião: a neurose obsessiva, que se origina na culpa do indivíduo em relação ao ódio que sentiu do pai durante o período de castração e que é "curado" por meio de hábitos e práticas ritualísticas; e a busca ilusória pela proteção e amparo paterno, na figura de um pai onipotente, onipresente e justo.

Limitando-se ao estudo material da realidade do mundo, o psicanalista acreditava que as religiões não têm conexão nem abertura para aprender a verdade do mundo, ao passo que a ciência possui tal capacidade.

Ou seja, o valor da religião seria um apoio ilusório e subjetivo a emoções e psique humanas em frente às desgraças e fatalidades da vida.

Lacan, que assim como Freud era ateu, tinha considerações parecidas quanto à fé. No entanto, o continuador da teoria freudiana deu maior atenção à profundidade necessária para o entendimento mais fiel da realidade religiosa em relação à psique.

Da mesma forma como o mestre, Jacques acreditava que a finalidade última desse fenômeno é o conforto aos sentimentos humanos, mas também via na religião uma força tão poderosa que os próprios religiosos a subestimaram.

Para o francês, a fé não é apenas uma função cognitiva encorajada por forças externas, uma espécie de hipnose para autocura, como pensava Freud. Lacan defendia que é nesse campo em que persistem as verdades eternas e indestrutíveis do ser humano, ou seja, sua própria estrutura psíquica.

Ele acreditava que, ao contrário do que se dizia, o avanço da ciência iria expor o Real de tal forma que a religião teria muito mais motivos para ser alvo de busca por conforto.

Isso se explicaria, segundo Lacan, pelo motivo de que a religião é especializada em dar sentido às coisas. Ele afirma que, desde o começo, o papel da religião é colocar um sentido no que antes era natural, sendo o mais proeminente dos exemplos o próprio sentido da vida humana.

No entanto, Jacques acreditava que apenas uma fé triunfaria: a cristã. Por quê? Pois o Deus cristão é uma trindade, compondo em si mesmo os três aspectos que se apresentam como a estrutura do sujeito no inconsciente: Real, Imaginário e Simbólico.

PARA FIXAR NA MEMÓRIA

▶ Jacques Lacan, além de dar continuidade, aprofundou e estendeu as teorias freudianas;

▶ Estudou e reuniu à psicanálise diversas outras áreas do saber, como linguística, neurofisiologia e sociologia;

▶ Utilizava a denominação de Saussure sobre a composição da linguagem, baseando-se em signos, significados e significantes;

▶ Conhecido por frases difíceis (segundo alguns, impossíveis) de entender, Lacan afirmava coisas como "o sujeito é o que um significante representa para outro significante" (o sujeito em si é vazio, só significa aquilo que se atribui a ele);

▶ Jacques diferenciava "Outro" de "outro", afirmando que o primeiro é o verdadeiro e inalcançável desconhecido, que limita; já o segundo é "aquele que não sou eu";

▶ Uma das grandes contribuições da teoria lacaniana é a ideia do estádio do espelho, no qual o bebê percebe que nem tudo é ele mesmo;

▶ Três conceitos importantes para entender Lacan são "desejo, falta e falo", sendo eles as forças que impulsionam as relações e determinam como elas funcionam.

5

PSICANÁLISE LACANIANA

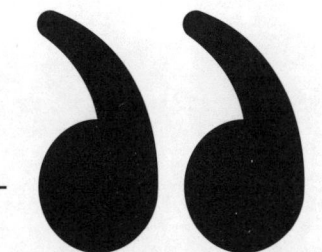

Até os dias de hoje, a mente humana permanece um mistério para a ciência e para aqueles curiosos que buscam entendê-la, bem como implicações de pensamentos, traumas, traços de personalidade ou manifestações comportamentais. É claro que, com o passar do tempo, com os avanços tecnológicos e as pesquisas subsequentes, muitos aspectos foram revelados e descobertas foram feitas, mas a compreensão global da sua potencialidade ainda está longe de ser alcançada. Tendo em vista a complexidade do fenômeno trabalhado, a técnica criada pelo neurologista austríaco Sigmund Freud na virada no século XIX para o século XX ganhou notoriedade por suas bases inovadoras. A origem da psicanálise nos remete à necessidade da época de entender os males sem explicações físicas ou biológicas que atingiam a população.

Diante de tais investigações, a ideia que guia os princípios freudianos é o impacto do inconsciente no sofrimento psíquico. Embora não tenha sido o grande descobridor da existência de conteúdos além do que podemos perceber conscientemente, foi Freud quem melhor formulou uma teoria ao redor desse conceito, a qual lhe rendeu a alcunha de pioneiro – o austríaco teve contato com ideias como do francês Jean-Martin Charcot e leu os diálogos de Platão com Sócrates, acreditando no princípio socrático de que todo aprendizado é uma recordação.

Sendo assim, a formulação da psicanálise foi o principal legado do pensador por conta de sua importância para o desenvolvimento da humanidade, que se dá pela busca da compreensão da relação entre as manifestações do inconsciente que motivam e determinam o comportamento.

Eixos clínicos

Com a definição das estruturas presentes na mente (consciente, pré-consciente e inconsciente), os núcleos da psicanálise são os conceitos de cura pela fala e livre associação de ideias.

Isso significa que, para essa abordagem, existem relações afetivas e discursivas entre o ser e o seu sofrimento psíquico, o que se reflete em um sintoma, trauma ou angústia. Na prática, durante uma sessão de análise, a pessoa é convidada a falar o que está em sua mente, o que aconteceu, como se sente, o que a incomoda.

Nesse sentido, são marcantes os eixos presente e passado, suas lembranças antigas e recentes, suas realizações e frustrações que já aconteceram e os planos para o futuro, as pessoas que ama e amou, odeia e odiou, repudia ou repudiou, admira e admirou.

Por meio da técnica da associação livre, memórias, conhecimentos, sentimentos e quaisquer outras emoções manifestadas podem ser verbalizados sem rechaço e sem censura. Com isso, se tais conteúdos aparecem no momento em que uma situação é enunciada, alguma relação psíquica inconsciente se estabelece com o assunto.

Quanto mais oportunidades o indivíduo tiver para dialogar sobre determinado elemento, mais estratégias ele precisará elaborar, mais palavras e afetos serão acessados para compor o discurso. Esse novo momento já representa uma mudança na relação estabelecida com o tema, transformando esse elemento para a pessoa: esse processo caracteriza a cura pela fala.

A associação livre reside no incentivo desse discurso do paciente, ou seja, em fazê-lo desabafar e colocar em palavras todos os pensamentos que passarem por sua cabeça. Pode até parecer, em um primeiro momento, que essa enunciação sem critérios não levará a resultados. No entanto, o mecanismo de defesa do indivíduo é enganado, e as ideias vindas do inconsciente podem formar uma linha de raciocínio por meio da associação – assumindo um caráter de ressurgimento consciente do conteúdo recalcado nas profundezas da mente.

Discípulo renovador

As características da psicanálise de Freud são aplicadas até os dias de hoje em consultórios pelo mundo todo, mas isso não quer dizer que não existam adaptações e atualizações de suas produções. Um dos principais discípulos do criador do método foi Jacques Lacan, que não se limitou a esse título, mas se tornou um dos maiores nomes do campo — com a escola francesa de psicanálise — ao lado do neurologista austríaco.

Embora o francês tenha insistido até o fim de sua vida na importância das descobertas do mestre e tenha se declarado freudiano, a releitura lacaniana promoveu algumas mudanças na prática do trabalho. Lacan herdou o método psicanalítico de Freud, presente em seu fazer, seu pensar e em sua abordagem clínica: o psiquiatra segue as teses centrais da área e se dedica a suplementá-las diante dos novos padrões e pensamentos de sua época. Freud, enquanto neurologista, colocava sua criação como um método e estabelecia ligações com as ciências biológicas. Já Lacan, apesar de seguir a tendência do mestre, ao atualizá-la, inseriu a ideia da psicanálise como ciência da linguagem, com fundamentos na linguística e na antropologia estrutural.

A relação de Lacan com a linguística também reside no conceito do inconsciente freudiano. Dessa forma, o francês reforça a eficiência da cura pela fala justamente pela ação da linguagem no tratamento do sofrimento psíquico, reforçando os laços entre a enunciação, as forças inconscientes e a prática psicanalítica. Para ele, se é no diálogo que o ser manifesta suas ideias inconscientes, os sintomas causados pelos quadros mentais são elaborados por meio da linguagem e, ao mesmo tempo, afetados por ela.

Na análise lacaniana, há quatro fases que compõem o processo terapêutico. O primeiro é caracterizado pelos questionamentos, pelas perguntas existentes a respeito das falas. Depois, vem a tentativa de entender tudo aquilo que aconteceu. Em um terceiro momento, há o passo de concluir o que compreendeu. E, por último, há a participação do analista.

Para Lacan, não há sentido na vida: são os seres humanos que atribuem significado à existência. Dessa forma, quando são identificadas, as ausências de sentido são responsáveis por causar um sintoma psíquico. E, no quarto passo da análise lacaniana, a convivência com essa impossibilidade própria da humanidade é buscada, sem que disso se faça a base de um sofrimento.

Benefícios práticos

Diante do cenário teórico traçado pela psicanálise, pode surgir o questionamento: como esses conceitos e estudos auxiliam as pessoas? É claro que não existe uma resposta única ou limitada para tal pergunta.

Isso porque cada indivíduo e suas experiências são singulares. No entanto, a modificação da relação com uma angústia psicológica é central na análise, o que acontece também por meio de uma atividade de autoconhecimento em um espaço aberto e sem repreensões. São essas características que fazem da psicanálise uma opção recomendada a todos os públicos – ou não contraindicada a ninguém.

Por conseguinte, as técnicas idealizadas por Freud e complementadas por Lacan podem ajudar a resolver conflitos internos, lidar com limitações pessoais, trazer à tona medos e inseguranças com o objetivo de superá-los, além de auxiliar em questões práticas de relacionamentos e comportamentos. Os transtornos da mente, como ansiedade e depressão, também podem ter a psicanálise como uma aliada no processo de entender as causas e ressignificar os pensamentos.

Por dentro de uma sessão

• **Tempo:** a duração do tratamento não é exata. Muito pelo contrário, deve prosseguir pelo período necessário.

Quanto às sessões, que se dão, geralmente, em encontros semanais, alguns profissionais definem uma média de cinquenta minutos se seguir a linha freudiana. E talvez esse seja o ponto mais conhecido de divergência entre o criador da psicanálise e Lacan: as chamadas sessões curtas e de tempo variável.

Diferente daquelas com tempo fixo, as consultas na análise lacaniana costumam ter um período flexível e, no geral, são curtas. Esse uso do tempo é estratégico: o encontro não chega ao seu fim porque se passaram tantos minutos, mas por razões ligadas à lógica da fala do paciente e ao inconsciente.

Desse modo, o analisado não se confunde com sua própria fala e não tem tempo de retificar o que disse – uma tendência quando se diz algo de que não gosta ou que racionalmente não faz sentido.

O princípio está baseado na lógica do inconsciente, a qual se diferencia daquela a que estamos acostumados. É comum que as manifestações do inconsciente, como os lapsos, os esquecimentos ou as confusões aparentemente sem motivos, não sejam tratadas com a devida seriedade, além de serem minimizadas, corrigidas ou deixadas de lado.

O chamado "corte" da sessão, em que o profissional encerra o momento terapêutico, objetiva impedir que o analisado mascare com explicações racionais aquilo que se revelou por meio de sua fala. O corte tem efeitos sobre o processo, uma vez que aponta as emergências das ideias inconscientes.

• **Analista e analisado:** a postura de Freud nas sessões com seus pacientes demonstrava a distância necessária para que o indivíduo se sentisse confortável para expor suas perspectivas.

As intervenções do pai da psicanálise eram mínimas, mas suas anotações e atenção aos detalhes eram bastante extensas. Para ele, tudo era importante e digno de ser anotado, desde o tom de voz até reações involuntária dos pacientes.

É válido ressaltar que todo o tratamento é pautado na relação de confiança estabelecida entre psicanalista e paciente, já que o diálogo e a fala são as principais ferramentas de trabalho desse profissional.

A técnica da associação livre, base da psicanálise, exige que a pessoa se sinta à vontade e longe de olhares ou reações que transpareçam julgamentos para colocar em palavras suas ideias e oferecer o material necessário para o analista desenvolver a abordagem mais apropriada.

O analista trabalha com a transferência, uma revisão de experiências do passado que o paciente traz à tona sem saber que o faz.

A partir da gestão da transferência que o psicanalista faz das recordações e livre associações do paciente, acontece a análise, na qual componentes do inconsciente são trabalhados. Tudo isso permite ao paciente se reposicionar frente a antigos padrões de funcionamento psíquico.

• **Divã:** a popular imagem de um paciente deitado no divã de costas para o analista existe por conta do consultório do pai da psicanálise. Freud notou que as pessoas se sentiam mais confortáveis e abertas nas sessões ao se deitarem.

E a questão de se afastar da vista do sujeito era decorrente de sua postura neutra, sem interferência. Para Freud, a peça era parte do ambiente criado para o atendimento, porque simboliza a entrega do indivíduo ao processo. Trata-se de uma autorização, mesmo que inconsciente, para a troca do conhecimento durante a associação livre de ideias.

Uma pequena diferença entre o austríaco e Lacan era que o pai da psicanálise convidava o paciente a se deitar e dava início à sessão com a pessoa naquela posição.

Já o francês não induzia esse momento de ir até o divã: ele pensava que deveria ser algo natural, espontâneo. Se o paciente quisesse se deitar, ele faria isso.

No entanto, a presença do objeto não é obrigatória, e cada profissional pode decidir de que forma o seu cenário será composto — com os pacientes sentados, deitados, em sofás comuns, almofadas ou o que perceber gerar resultados mais positivos.

PARA FIXAR NA MEMÓRIA

▶ O neurologista austríaco Sigmund Freud fundou o método psicanalítico;

▶ Jacques Lacan, um dos principais discípulos freudianos, baseou-se na teoria do mestre e renovou seus princípios;

▶ A abordagem terapêutica voltada à psicanálise se fundamenta na livre associação de ideias e na cura pela fala para explorar as forças inconscientes;

▶ A modificação da relação com uma angústia psicológica é central na psicanálise, o que acontece por meio de atividades de autoconhecimento em um espaço aberto e sem censuras;

▶ Para complementar o conceito do inconsciente freudiano, Lacan incorpora conceitos da linguística, reforçando a ação da linguagem no tratamento do sofrimento psíquico;

▶ Na prática, uma sessão de psicanálise freudiana dura, em média, cinquenta minutos;

▶ Com Lacan, o tempo do encontro entre analista e analisado é variável, sendo utilizado de forma estratégica para que o inconsciente se revele de forma livre.

6

LEGADO E POLÊMICAS

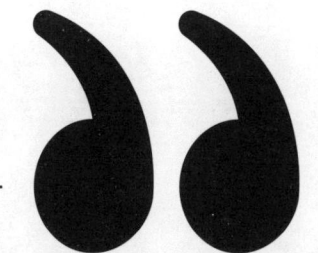

Como figura genial e um dos maiores destaques da psicanálise, Jacques Lacan inovou em seu campo e consolidou conceitos e aplicações em diversas áreas, entre elas a medicina e a linguística.

No entanto, apesar do pioneirismo na psicanálise francesa, Lacan sempre foi um indivíduo capaz de despertar opiniões diferentes e, muitas vezes, discordantes.

Isso porque o seguidor de Freud possuía uma personalidade tão forte quanto sua genialidade, fazendo com que ninguém conseguisse se sentir neutro a seu respeito: era amor ou ódio.

Essa ambivalência de sentimentos persiste até os dias de hoje, já que entre seus dissidentes é comum a ideia de que suas teorias não podem ser verdadeiramente aplicadas no ambiente clínico, além, é claro, do currículo extenso de polêmicas com as quais o psicanalista se envolveu ou protagonizou.

Embora parte de seus problemas se devesse ao gênio forte, capaz de incomodar muitos ao redor, Jacques nunca escondeu suas polêmicas, estando elas atreladas ou não ao aspecto clínico de sua vida.

Essa destacável personalidade e temperamento renderam histórias chocantes à época, caracterizando o francês como uma figura de decisões e ações bem discutíveis.

Juventude libertina

Criado numa família de forte tradição religiosa, o jovem Lacan não demorou para se descobrir mais feliz numa vida cercada por arte, filosofia e política, além de regada a muita boemia. Assim que desfez seus laços com os rígidos costumes da família, o francês passou a conviver com muitas pessoas que partilhavam da sua simpatia pelos temas considerados mais cultos à época.

"O moralista tradicional, quem quer que seja ele, recai invencivelmente na rotina de persuadir-nos que o prazer é um bem, que a via do bem nos é traçada pelo prazer."

Lacan

Desse novo círculo social surgiram os primeiros e vários enlaces amorosos de Jacques, os quais perduraram até o casamento com Marie-Louise Blondin, em 1934.

Coleção Saberes

Entre as paixões que o jovem médico teve enquanto solteiro, destacam-se especialmente as mulheres próximas dos trinta anos, as quais costumavam balançar mais o coração do rapaz, além de lhe garantir certos luxos e comodidades financeiras.

Um exemplo é o caso com Marie-Thérèse Bergerot, que se envolveu com Lacan quando ele ainda tinha dezessete anos e que, de tão apaixonada, chegou até a bancar suas despesas em livrarias e viagens.

"Amar é, acima de tudo, querer ser amado".
Lacan

Simultâneo ao affair com Marie-Thérèse foi o de Olesia Sienkiewicz. Traída pelo esposo, o escritor Drieu La Rochelle, a mulher havia prometido nunca mais se envolver sexualmente com homens, mas a promessa não sucumbiu ao charme do francês.

Um tempo depois, os romances mantidos concomitantemente passaram a causar angústia ao jovem Jacques. Dividido entre Marie-Thérèse e Olesia, o rapaz só conseguiu se desvencilhar da dúvida sobre qual escolher quando conheceu aquela que seria sua primeira esposa.

Lacan e suas duas mulheres

Quando o psicanalista e Marie-Louise Blondin se conheceram, ela beirava os 28 anos, e a apresentação se deu por meio de Sylvain Blondin, um antigo colega de escola de Jacques. Apaixonados, logo se casaram, mas a convivência conjugal não foi fácil. Malou, como Marie-Louise era apelidada, idealizou a figura do marido e não contava com a natureza polígama dele.

Centrado apenas em si e muito sedutor, Lacan era obstinado por reconhecimento e deixou a esposa completamente de lado, esquecendo-se dos votos de fidelidade feitos no altar. Em meio a essa relação intempestiva, eles tiveram juntos três filhos: Caroline, Thibaut e Sibylle, nascidos entre 1937 e 1940.

Apesar da paternidade, Jacques não passou a respeitar seu casamento e, no mesmo período em que se tornou pai, engatou um relacionamento com uma famosa atriz de cinema da época, Sylvia Bataille, a qual era casada com Georges Bataille.

Assim como havia acontecido anos antes em sua juventude, o francês não foi capaz de escolher somente uma das mulheres, optando por seguir com as duas relações.

Mas a notícia de que seria pai novamente e, dessa vez, de um filho com Sylvia, pôs fim ao quase bigamismo de Lacan.

Malou, profundamente magoada com a maneira feliz com que o esposo lhe comunicou a paternidade, além de sua insensibilidade com o fato de que ela também estava grávida naquele momento, se afastou do psicanalista no ano seguinte, em 1941.

Dessa forma, Lacan engatou definitivamente seu relacionamento com Sylvia, e Judith Sophie foi o nome dado à nova bebê. Entretanto, a atriz apenas se divorciou de seu marido em 1946, o que impediu que Judith recebesse o sobrenome do pai biológico.

Por isso, registrada com o nome do esposo de sua mãe, Georges, a pequena só se tornou uma Lacan em 1962, após a morte de Bataille, quando Jacques conseguiu na justiça o direito de dar seu nome à filha.

Excomunhão

Foi também em 1962 que Jacques se envolveu em outra situação polêmica: ao ter seu tempo predeterminado para sessões psicanalíticas criticado pela Sociedade Psicanalítica de Paris (SPP) e também pela Associação Internacional de Psicanálise (IPA), acabou sendo proibido pela última de formar analistas, ou, como ele mesmo definiu, "excomungado".

Isso se deveu, principalmente, ao fato de que, para Lacan, o tempo da sessão também tinha relação com a análise, não devendo, portanto, seguir a padronização exigida pela IPA, baseada nas sessões freudianas de tempo marcado. Favorável às sessões curtas, Lacan defendia radicalmente o seu ponto, ratificando que a técnica acelerava as análises e que, se o inconsciente é atemporal, as sessões padronizadas não faziam sentido.

"A mulher não existe"

Um dos conceitos mais polêmicos do psicanalista francês é o da não existência da mulher. Entretanto, embora tenha despertado contradições, a teoria nunca se referiu à mulher em seu sentido biológico, mas somente ao simbólico.

Isso porque, para Lacan, considerando-se os conceitos de Real, Simbólico e Imaginário, a mulher não existiria justamente por não ser fálica. Ou seja, por não ter o falo, ela fica sem representação simbólica, diferentemente do homem, ocasionando a não existência de uma representação de si mesma.

Essa castração natural feminina, no entanto, seguindo a ideia de Freud aprofundada por Lacan, acabaria se tornando positiva, no sentido de que, se a mulher não tem uma representação de si mesma, ela pode inventar sua essência, tornando-se um ser corajoso.

Homossexualidade

Outro tema delicado que aparece na trajetória polêmica de Jacques é sua visão conservadora e preconceituosa acerca da homossexualidade, expressa na obra *O Seminário, livro VIII*.

Na publicação, Lacan define a homossexualidade como uma perversão, além de apontar o Banquete de Platão – reuniões ocorridas por volta de 380 a.C. em que grandes filósofos discutiam sobre o amor – como uma reunião de "tias bichas velhas". O conceito de Banquete de Platão pautou a homossexualidade por conta do significado do termo, que faz referência a "amor grego por rapazes bonitos", visto que, em uma das reuniões, Alcebíades, um político ateniense da época, declarou seu amor a Sócrates.

PARA FIXAR NA MEMÓRIA

▶ Jacques Lacan é dono de uma vasta e consolidada carreira psicanalítica; entretanto, ao longo da sua trajetória acumulou polêmicas, por conta de sua libertinagem e seu gênio intempestivo;

▶ Quando ainda era um jovem médico, o francês costumava se relacionar com mulheres mais velhas, que bancavam todos os luxos dele;

▶ Jacques e Marie-Louise casaram-se e tiveram três filhos, o psicanalista não respeitava a esposa e, além de só pensar em si mesmo, a traía com Sylvain Blondin;

▶ Ao anunciar para a esposa que teria um filho com a amante, viu Marie-Louise pedir o divórcio;

▶ Por causa do seu temperamento e por acreditar que as sessões de psicanálise deveriam ser curtas, Lacan foi proibido de lecionar formando analistas;

▶ Uma das teorias polêmicas do psicanalista pregava que a mulher não existe, mas isso somente no sentido simbólico;

▶ Lacan ainda apresentava uma visão preconceituosa em relação à homossexualidade.

Fontes consultadas

André Gellis, psicólogo e professor assistente do departamento de Psicologia da Universidade Estadual Paulista (Unesp), em Bauru (SP);

Andréa Ladislau, psicanalista, doutora em Psicanálise, pós-graduada em Psicopedagogia e Inclusão Social, graduada em Letras, pós-graduada em psicopedagogia e inclusão social, graduada em letras, professora associada no Instituto Universitário de Pesquisa em Psicanálise da Universidade Católica de Sanctae Mariae do Congo;

Christian Lenz Dunker, psicanalista, mestre e doutor em Psicologia Experimental, livre-docente em psicologia clínica e professor titular do Instituto de Psicologia da Universidade de São Paulo (USP);

Clarissa Metzger, psicóloga, psicanalista, mestre em Psicologia Social, membro da Escola de Psicanálise dos Fóruns do Campo Lacaniano (EPFCL) e do Fórum do Campo Lacaniano (FCL-SP), professora de Psicologia e autora de *Clínica do acompanhamento terapêutico e psicanálise*;

Diego Penha, psicólogo, psicanalista, doutorando em Psicologia Clínica pela Universidade de São Paulo (USP) e mestre em Psicologia Social pela Pontifícia Universidade Católica de São Paulo (PUC-SP);

Gino Cammarota, psicanalista pela Sociedade Brasileira de Psicanálise Integrativa (SBPI) e professor dos módulos de Freud, Jacques Lacan e Melanie Klein no curso de formação psicanalítica da SBPI;

Luciana Guarreschi, psicanalista, membro da Escola

Internacional dos Fóruns do Campo Lacaniano, com clínica em São Paulo e Bauru (SP);

Renan Cola, psicanalista da empresa É Freud, Viu?;

Rodrigo Gonsalves, psicanalista graduado em Psicologia e Filosofia, além de mestre em Filosofia e um dos organizadores de *Ensaios sobre Mortos-vivos*.

Artigos consultados

Considerações sobre a escrita lacaniana dos discursos. Júlio Eduardo de Castro, 2009. Disponível em: https://bit.ly/38WM81u. Acesso em 31 jan. 2020.

Corpo, pulsão, gozo – o objeto da pulsão. Marcus do Rio Teixeira, 2016. Disponível em: https://bit.ly/37N6FFt. Acesso em 31 jan. 2020.

Édipo em Freud: O movimento de uma teoria. Jacqueline de Oliveira Moreira, 2004. Disponível em: https://bit.ly/2GM1BVP. Acesso em 31 jan. 2020.

Lacan e a homossexualidade masculina. Orlando Cruxên, 2012. Disponível em: www.periodicos.ufc.br/psicologiaufc/article/view/124. Acesso em 31 jan. 2020.

Lacan e Hegel. Ronaldo Torres, 2004. Disponível em https://bit.ly/38Z19Qu. Acesso em 31 jan. 2020.

"Mais-valia: o conceito central da teoria marxista". Portal politize!, 2019. Disponível em: www.politize.com.br/mais-valia/.Acesso em 31 jan. 2020.

O estruturalismo em Jacques Lacan: da apropriação à subversão da corrente estruturalista no estabelecimento de uma teoria do sujeito do inconsciente. Luis Flávio Silva Couto e Marcelo Fonseca Gomes de Souza, 2013. Disponível em: https://bit.ly/2OfjKzG. Acesso em 31 jan. 2020.

O triunfo da religião e a incerta sobrevivência da psicanálise. Gilda Vaz Rodrigues, 2015. Disponível em: https://bit.ly/2OgKOyv. Acesso em 31 jan. 2020.

Por que Lacan disse que 'A Mulher não existe'?. Lucas Nápoli. Disponível em: https://bit.ly/2RKycBL. Acesso em 31 jan. 2020.

Por que Lacan disse que o sujeito é o que um significante representa para outro significante?. Lucas Napoli. Disponível em: https://bit.ly/2mfYEWC. Acesso em 31 jan. 2020.

Transferência: amor ao saber. Gilberto Gênova Gobbato. Disponível em: www.scielo.br/pdf/agora/v4n1/v4n1a07.pdf. Acesso em 31 jan. 2020.

Livros consultados

A vida com Lacan. Catherine Millot. Rio de Janeiro: Zahar, 2017.

Jacques Lacan: esboço de uma vida e história de um pensamento. Elizabeth Roudinesco. São Paulo: Companhia das Letras, 2008.

Lacan, o grande freudiano. Marco A. Coutinho Jorge e Nadiá P. Ferreira. Rio de Janeiro: Zahar, 2005.

Segunda edição (outubro/ 2022)
Papel de miolo Pólen bold 90g
Tipografia Colaborate, Cheddar Gothic Sans e Visby
Gráfica Piffer Print